Ernst Günther

Liebe ist mehr als nur ein Wort

Gedanken zu Gefühlen, Lust und Liebe

Der Versuch Emotionen in Worten einzufangen und in Reimen auszudrücken

Inhalt

Seelenpartner	2
Sehnsucht	4
Liebe	6
Verlangen	8
Lust	12
Erfüllung	14
Träume	16
Pures Glück	18
Lebensweg	20
Morgen	24
Ein schöner Tag	26
Grenzen	30
Kinderherz	34
Der Himmel weint	40

Blind vertraut	43
Sternschnuppe	44
Wohin	46

Seelenpartner

Du kommst heimlich, still und leise,

kreuzt meinen Weg ganz unscheinbar,

auf welch wundersame Weise,

wird Vertrautheit wahr.

Der Blick in deine Augen, sanft und klar,

erschließt die Seele mir,

berührt mein Herz, stark und wahr,

ist wie ein Kuss von dir.

Die Berührung deiner Hand,

bringt mein Herz zum Schlagen,

ist es Zufall, der dich fand,

oder haben gute Mächte hier das Sagen.

Deine Aura spür ich überall,

deine Lippen, sie vibrieren,

ist es Freude oder Qual,

wenn sie mich verwirren.

Neu und doch so altvertraut,

als wärst du immer schon bei mir,

spüre deine Nähe, deine Haut,

als wärst ein Teil von mir.

Sehnsucht

Ich denke hin, ich denke her,

ach, es ist so schwer,

was soll ich sagen,

ich kann es kaum ertragen.

Ich sitze hier, schließe mein Augen,

dein Bild steht da,

keine Worte taugen,

zu beschreiben, was ich sah.

Ein Lächeln strahlend schön,

ein Kuss, der mich berührt,

ein Gesicht, dass zärtlich ich verwöhn´,

während deine Nähe mich verführt.

Ich denke hin, ich denke her,

ach, es ist so schwer,

was soll ich sagen,

ich kann es kaum ertragen.

Liebe

Ein Lächeln im Gesicht

die Augen schließen,

das Herz voller Licht,

die Freude genießen.

Es pulsiert das Blut,

rauscht in meinen Venen,

es ist so gut,

sich nach dir zu sehnen.

In deine Augen zu sehen,

Sternenfeuer entfachen,

in dir zu vergehen,

mit dir zu lachen.

Heiß steigt es auf in mir,

drängt mich in deine Arme,

wünsche mir,

dass Gott sich erbarme.

Ich atme deinen Duft,

deine Liebe hüllt mich ein,

mein Herz, es ruft,

mög´ es immer doch so sein.

Verlangen

Spürst du es auch,

Schmetterlinge im Bauch,

das Beben der Lust,

in deiner Brust.

Spürst du es auch,

der Küsse Hauch,

in die Augen sehen,

um Erhörung flehen.

Spürst du es auch,

Schmetterlinge im Bauch,

Worte berühren dich,

„Ich liebe dich".

Spürst du es auch,

der Küsse Hauch,

die Hände entdecken,

was Kleider verstecken.

Spürst du es auch,

Schmetterlinge im Bauch,

das Sehnen der Triebe,

die Kraft der Liebe!

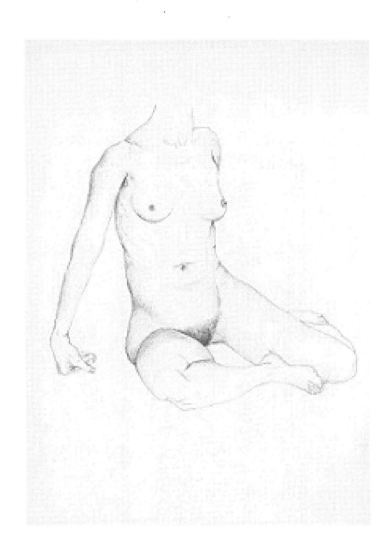

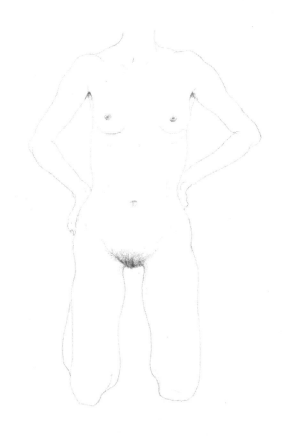

Lust

Lust und Leidenschaft,

nehmen dich in Geiselhaft,

geiler Sex pur,

Geschlechterkampf nur!

Anders kann es sein,

schaltet das Herz sich ein

Zärtichkeit wird zu Verlangen,

Vibrieren und Bangen.

Haut an Haut,

wird das Verlangen aufgebaut.

Zärtlichkeit schenken deine Hände,

Die Küsse sprechen Bände.

So schmachtest du dahin,

entdeckst der Liebe Sinn.

Geben ist der Weg ins Glück,

Nehmen führt daraus zurück.

Miteinander sich vereinen,

rührt dich bis zum Weinen,

spürst die Liebe nur,

und erlebst Sex pur.

Erfüllung

Ein Sehnen steigt aus meiner Brust,

heraus ins Leben,

spüre meine Lust,

will sie jetzt erleben.

Deiner Lippen Glut,

deiner Hände Zärtlichkeit,

sagen es ist gut,

bald ist es soweit.

Nimmst mich an der Hand,

führst mich in dein Reich,

in ein wunderbares Land,

in das Himmelreich.

Sehnsuchtsvolle Gedanken,

sind vergessen dort,

es gibt nun keine Schranken,

Liebe trägt uns fort.

Wir verschmelzen miteinander,

fliegen in die Unendlichkeit,

genießen aneinander,

jeden Augenblick der Zärtlichkeit.

Träume

Tief in deinem Herzen

werden sie geboren,

leuchten wie Kerzen,

für die Zukunft auserkoren.

Wachsen, gedeihen, werden groß,

treten heraus ins Licht,

Was machst du bloß?

Kümmerst dich nicht!

Abgelenkt von Dies und Das,

siehst du sie nicht,

später kommt die Frage, irgendwas

muss es doch geben außer Pflicht.

Zu spät, sagt der Verstand,

im Herzen geboren,

niemals erkannt,

im Leben verloren!

Doch noch erwacht?

Die Seele erbebt?

Das Feuer entfacht?

Die Träume gelebt?

Pures Glück

Jeder Moment ist ein Geschenk,

wenn ich an dich denk,

pures Glück.

Jeder Gedanke ist ein Traum,

Zukunft schafft sich Raum,

pures Glück.

Jeder Kuss ist reine Verführung,

jede Berührung

pures Glück.

Bin verrückt

Kein zurück.

Pures Glück.

Vorwärts streben,

alles geben,

pures Glück.

Bei dir allein

ewig SEIN,

pures Glück.

Lebensweg

Meine Gedanken drehen sich im Kreis,

geh ich, bleib ich, kann ich es tun,

lass ich los, wenn ich es weiß,

wag ich es nun?

Mein Herz, es spricht dafür,

mein Verstand ist klar dagegen,

mein Herz, es sagt, was hält dich hier?

der Kopf sagt, sei nicht so verwegen.

Alles aufgeben, was du geschaffen,

nur um Träumen nachzujagen,

Beziehungen zerstören, Risse aufklaffen,

Altes zerstören und Neues wagen?

Mein Herz, es ruft JA, tu es jetzt,

deinen Träumen folgen bedeutet Glück,

auch wenn du SIE verletzt,

geh deinen Weg, schau nicht zurück!

Mein Herz, es flüstert mir zu,

dein Leben ist für dich,

dein Leben bist DU,

andere gehören ebenso sich!

Sie müssen selbst Verantwortung übernehmen für sich,

selbst ihr Leben gestalten,

dürfen sich nicht klammern an dich,

dürfen dich nicht aus Angst zurück halten.

Mein Herz, es weiß den richtigen Weg für mich,

weiß wohin mich die Zukunft führt,

Deine Sehnsucht führt dich,

lässt dich fühlen, was dich berührt.

Lass deine Träume nicht los,

für ein Leben im Mittelmaß,

träume sie ganz groß,

liebe, lebe, habe Spaß!

Alles wird neu,

Liebe erfüllt dein Herz,

überwinde die Scheu,

Freude verdrängt den Schmerz!

Freude erfüllt dein Leben,

lass alle Zweifel zurück,

Liebe bringt dein Herz zum Beben,

dein Lebensweg führt dich ins Glück!

Morgen

Heute bin ich hier und du bist dort,

meinem Herzen nah doch so weit fort,

heute zerreißt die Sehnsucht mich,

alles ruft ich liebe dich!

Morgen geht die Sonne auf,

die Dinge nehmen ihren Lauf,

Das Leben strahlt so prächtig,

unsere Liebe ist so mächtig.

Morgen liegen wir uns in den Armen,

der Herrgott hat mit uns erbarmen,

schenkt uns diesen wunderbaren Tag,

zeigt uns, wie sehr er uns doch mag.

Morgen ist das Warten dann vergessen,

Morgen sind vom Leben wir besessen,

Morgen werden wir von uns berührt,

wissend, das unser Weg in die Zukunft führt!

Ein schöner Tag

Ein schöner Tag,

wie ich es mag,

die Sonne im Gesicht,

ein Lächeln ihre Strahlen bricht.

Die Wärme streichelt deine Wangen,

Deine Blicke halten mich gefangen,

deine Hände streicheln mich,

ach, ich liebe dich.

Blauer Himmel, grüne Wiesen,

lassen uns die Fahrt genießen,

Wir brausen durch das Land,

ach, wie schön, dass ich dich fand.

Der Blick geht in die Weite,

fängt ein die ganze Breite,

diese Schönheit, diese Pracht,

was hast du nur mit mir gemacht.

Dein Lachen dringt in meine Brust,

erweckt in mir die Lebenslust,

deine Küsse sind so zart,

wie genieß´ ich deine Gegenwart.

Ein jeder Augenblick,

ist Teil von uns´rem Glück,

auf Wolken 7 schweben,

du bist mein Leben.

Dieser Tag, er war so stimmig,

uns´re Liebe ist so innig,

es war ein schöner Tag mit dir,

bleib doch ewig hier bei mir.

Grenzen

Die Sehnsucht treibt dich in meine Arme,

drückt dich machtvoll an mein Herz,

wenn ich dich ganz fest umarme,

vergisst du deinen Schmerz.

Langsam lässt du los, spürst deine Gefühle,

sie pirschen sich heran, ganz leise, werden stärker,

du krampfst, es macht dir Mühe,

doch da ist sie wieder, diese Grenze, dieser Kerker.

Dieser Schutzwall bewahrt dich vor dem außen,

hat in deinem Leben dir schon oft gedient,

doch jetzt verhindert er dein fallen lassen,

denn die Grenze ist vermint.

Kann nicht überschritten werden,

denn das wäre ja fatal,

gilt jedoch für beide Seiten,

Liebe wird zur Qual.

Die Narben deines Lebens, spür ich in jeder Zärtlichkeit,

streichle eine um die and´re fort,

hab Geduld bis in die Ewigkeit,

Liebe ist nicht nur ein Wort.

Meine Liebe löst sie alle auf,

dein Vertrauen wächst, die Grenze schwindet,

bittersüß nimmt alles seinen Lauf,

bis es zuletzt Erfüllung findet.

Jetzt haben WIR gewonnen,

über alle alten Hiebe,

wir genießen alle Wonnen,

freuen uns an uns´rer Liebe.

Kinderherz

Kinderfreude , Kinderlachen,

Seele zart und rein,

unbeschwert alles machen,

geborgen sein.

Doch die Menschen sind brutal,

machen dein Leben dir zur Qual,

nur mehr ausgenutzt, belogen,

Die Freude ist verflogen.

Angst kriecht in dein Herz,

Tränen zeugen von dem Schmerz,

die Kinderseele leidet,

während er sich an dir weidet.

Ich halt das nicht mehr aus,

muss hier raus,

bin zu allem bereit,

was mich befreit.

Doch das Herz, es ist gebrochen,

die Angst hineingekrochen,

das Vertrauen ist verloren,

Liebe nie geboren.

Einsam gehst die Wege du,

kommst im Innern nie zur Ruh,

außen stark und tüchtig,

Beziehungen nur flüchtig.

Vordergründig voller Lebenslust,

nagt in dir der Frust,

werd ich ewig ausgenutzt, belogen,

oder kommt auch zu mir das Glück geflogen?

Liebe, was ist denn das?

Macht sie mir auch Spaß?

Kann ich geben und empfinden?

Kann ich meinen Liebsten finden?

Himmelvater, sieh mich an,

was hab ich bloß getan,

dass das Glück mich übersieht,

oder gar noch vor mir flieht.

Himmelvater, ich bitte dich,

sieh mich an, erlöse mich,

dass ich endlich lieben kann,

diesen meinen liebsten Mann.

Mein Herz es öffnet sich ganz weit,

Freude macht sich breit,

die Angst, sie ist verflogen,

hat die Liebe aufgesogen.

Mein Herz es pocht ganz wild,

weg ist dieser harte Schild,

gebe mich der Liebe hin,

endlich hat mein Leben Sinn!

Das Leben ist so sonnenklar,

so intensiv und wunderbar,

genieße, fühle, spüre, bin bereit,

für jede Zärtlichkeit.

Kinderfreude , Kinderlachen,

Seele zart und rein,

unbeschwert alles machen,

geborgen sein.

Endlich ist es zurück,

Liebe, Freude Kinderglück,

Vertrauen, Wärme, Zärtlichkeit,

ja, ich bin bereit

Der Himmel weint

Ich dachte, dass wir die Kraft haben,

diese Be-Grenzungen zu durchschreiten,

ich dachte, dass wir die Geduld haben,

unser Leben vorzubereiten.

Doch dann, ein Blitz, ein Schmerz,

zerstört, der Faden ist durchschnitten,

es blutet mir das Herz,

was hat dich nur geritten.

Durch das Paradies im großen Wagen,

zu schön um wahr zu sein,

doch alte Muster haben zugeschlagen,

aus dem Nichts und voller Pein.

Brutal den Faden durchgeschnitten,

das Messer an die Brust gesetzt,

nicht bemüht, gekämpft, gestritten,

zugestoßen jetzt.

Der Dolch durchdringt das Herz,

Tropf für Tropfen fließt das Blut,

ein Höllenschmerz,

bevor das Auge ruht.

Der Himmel weint

und meine Seele ist zerstört,

es war so gut gemeint,

es wurde nicht erhört.

Die Grenzen haben sich bewehrt,

der Ausbruch nicht gelungen,

Altes hat den großen Schritt verwehrt,

der Mut ist rasch verklungen.

Meine Seele schreit gequält,

ich war doch so bereit,

habe dich gefunden, dich gewählt,

uns´ren Weg zu gehen in die Ewigkeit.

Aus? Vorbei? wie es scheint,

die Tränen fließen,

der Himmel weint,

nass ist mein Ruhekissen.

Blind vertraut

Geliebt, gelacht, gelebt,

bis dass die Erde bebt,

Blind vertraut,

und doch auf Sand gebaut.

Gedanken haben Gefühle besiegt,

Ängste die Liebe bekriegt,

Vertrauen nicht gewagt,

der Mut hat versagt.

Sie war doch nicht bereit,

hat sich nicht befreit,

kein Weg für uns zu zweit,

zwei Wege jetzt in Einsamkeit.

Sternschnuppe

Aufgetaucht aus dunkler Nacht,

ihr Licht hat mich angelacht,

berührt und mitgerissen,

bin gegangen, hab alles hingeschmissen.

Voll Vertrauen der Sonne entgegen,

gemeinsam auf allen Wegen,

die Wärme gespürt,

Glückseligkeit berührt.

Urplötzlich dann verglüht,

mein Glück, es war verfrüht,

verletzt dann aufgewacht,

zurückgekehrt in dunkle Nacht.

Wohin

Alles auf eine Karte gesetzt,

geglaubt, vertraut, gewagt,

meine Frau verletzt,

meine Intuition versagt?

Gefühle empfunden,

tief und klar,

für ehrlich befunden,

und doch nicht wahr.

Gescheitert, zerstört, verstoßen,

aus allen Wolken gefallen,

die Träume, die großen,

geplatzt, gesprengt, zerfallen.

Wie konnte das passieren,

woher kam dieses Gefühl,

ich konnt´ es so klar spüren,

und doch war´s nur ein Spiel.

Die Täuschung nicht erkannt,

ging ich den Weg geradeaus,

in die Sackgasse gerannt,

wie komm´ ich wieder raus?

Warum ist das geschehen,

worin liegt da der Sinn,

ich hab es nicht gesehen,

oh Gott, wo geh ich hin?

Mein Leben, was willst du mir jetzt sagen,

  worauf soll ich denn achten,

 was soll ich denn als Nächstes wagen,

  wonach soll ich nun trachten?

  Was ist mein Lebensweg?

 Wo lenk´ ich meine Schritte hin?

 All´ die Gedanken, die ich heg´,

  ergeben keinen Sinn!

Eigenverlag

Ing. Ernst GÜNTHER

Uferstrasse 5

AT-3481 Thürnthal

Illustration

Silvia Rehrl

ISBN: 9781696403467
Imprint: Independently published

Printed in Poland
by Amazon Fulfillment
Poland Sp. z o.o., Wrocław